BEI GRIN MACHT SICH IHR WISSEN BEZAHLT

- Wir veröffentlichen Ihre Hausarbeit,
  Bachelor- und Masterarbeit

- Ihr eigenes eBook und Buch -
  weltweit in allen wichtigen Shops

- Verdienen Sie an jedem Verkauf

Jetzt bei www.GRIN.com hochladen und kostenlos publizieren

GRIN

Bibliografische Information der Deutschen Nationalbibliothek:

Die Deutsche Bibliothek verzeichnet diese Publikation in der Deutschen National-
bibliografie; detaillierte bibliografische Daten sind im Internet über http://dnb.d-
nb.de/ abrufbar.

Impressum:

Copyright © 2018 GRIN Verlag
Druck und Bindung: Books on Demand GmbH, Norderstedt Germany
ISBN: 9783668700482

Dieses Buch bei GRIN:

https://www.grin.com/document/424811

Franziska Hirsch

**Trainingslehre Ausdauer. Diagnose, Zielsetzung, Progno-
se, Trainingsplanung Mesozyklus**

GRIN Verlag

GRIN - Your knowledge has value

Der GRIN Verlag publiziert seit 1998 wissenschaftliche Arbeiten von Studenten, Hochschullehrern und anderen Akademikern als eBook und gedrucktes Buch. Die Verlagswebsite www.grin.com ist die ideale Plattform zur Veröffentlichung von Hausarbeiten, Abschlussarbeiten, wissenschaftlichen Aufsätzen, Dissertationen und Fachbüchern.

Besuchen Sie uns im Internet:

http://www.grin.com/

http://www.facebook.com/grincom

http://www.twitter.com/grin_com

Deutsche Hochschule für
Prävention und Gesundheitsmanagement
Hermann Neuberger Sportschule 3
66123 Saarbrücken

Einsendeaufgabe

Fachmodul: Trainingslehre 2

Studiengang: Bachelor of Arts Ernährungsberatung

Datum
Präsenzphase: 05.02.2018 - 07.02.2018

Name, Vorname: Hirsch, Franziska

Studienort: **Leipzig**

Semester: **Wintersemester 2015**

Inhaltsverzeichnis

Radergometer-Testdurchführung und Protokoll

Der Hollmann & Venrath Test gilt als koordinativ anspruchslos und wird auf einem Fahrradergometer in einer submaximalen Belastung durchgeführt. Die Eingangsbelastung beträgt 30 Watt und wird alle drei Minuten um jeweils 40 Watt gesteigert. Nach jeder Minute wird die Herzfrequenz gemessen und in das Protokoll eingetragen. Die Belastbarkeit von 150 Watt wird bei der Klientin vorausgesetzt. Die Wattleistung wird solange erhöht, bis die Probandin die definierte Pulsobergrenze erreicht hat.

Pulsobergrenze nach WHO = 180 – LA   - 180-28 Jahre = 152 S/min

Pulsobergrenze nach IPN-Voreinstufung: 145 S/min

Abbruchgrenze = Pulsobergrenze + Pulsaufschlag   - 152 +10 = 162 S/min

Dazu wird entsprechend der Voreinstufung nach IPN ein Zuschlag von 10 S/min dazugerechnet, da Frau H. 3-4-mal pro Woche mindestens 45 Minuten ein Ausdauertraining durchführt. Die Umdrehungszahl pro Minute liegt bei 60 bis 80 und die Zielherzfrequenz wird nach dem Test nach der IPN-Methode berechnet. Durch die Normwerte ist ein interindividueller Leistungsvergleich in Form einer relativen Watt-Soll-Leistung für Männer und Frauen möglich.

Tabelle 2:Testprotokoll

Name: Frau H.	Geschlecht: weiblich	Alter: 28
Testform: Belastungsschema Hollmann & Venrath, submaximal	Stufendauer: 3 Minuten Belastungssteigerung: 40 Watt	Pulsobergrenze: 152 S/min Abbruchsgrenze: 162 S/min
Eingangsbelastung: 30 Watt	Trittfrequenz/Umdrehungszahl: 60-80 U/min	Anmerkungen: -
Eingangstest, am 09.02.2018		

Zeit in Minuten	Watt	Hf 1	Hf 2	Hf 3
3	30	101	106	112
6	70	118	122	125
9	110	129	135	139
12	150	143	147	149
15	190	153	155	157
18	230	-	-	-

Bewertung der Testergebnisse

Die Testperson hat fünf Belastungsstufen vollständig geschafft. Innerhalb der ersten 30 Sekunden der Stufe 6 hat Frau H. bei 190 Watt den Test abgebrochen. Die Voraussetzung, eine Belastbarkeit von mindesten 150 Watt zu treten, hat die Probandin somit erfolgreich erfüllt. Nach der 13. Minute hat sie einen Puls von 143 S/min erreicht, welcher unterhalb der berechneten Pulsobergrenze der WHO (152 S/min) sowie unter der Pulsobergrenze von der IPN-Voreinstufung (145 S/min) liegt. Aufgrund des subjektiven Empfindens der Klientin von Erschöpfung wurde der Test vorzeitig beendet und es wurde anhand der erhaltenen Daten auf die Gesamtleistung geschlossen.

Mit ihrer relativen Watt-Soll-Leistung von 3,39 Watt / kg Körpergewicht (190 Watt / 56 kg) liegt Frau H. im sehr guten Durchschnittsbereich, welches sich gegenüber dem interindividuellen Leistungsvergleich und den Vorgaben aus der Normtabelle, Relative Watt-Soll-Leistung für Frauen, bei submaximalen Radergometertests zeigt. Mit einem Erholungspuls, der nach 3 Minuten knapp unter 130 S/min lag, befindet sich die Klientin auch im Soll. Dieses Ergebnis ermöglicht nach IPN neben der Beurteilung der allgemeinen aeroben Ausdauerleistungsfähigkeit auch die Ableitung von individuellen Trainingsempfehlungen. Mit der erbrachten Watt-Soll-Leistung kann der entsprechende Intensitäts- bzw. Belastungsfaktor für Frau H. von 0,7 ermittelt werden, welcher zur anschließenden Berechnung der Trainingsherzfrequenz (Thf) eingesetzt wird. Die Probandin ist in den Bereich des Fitness- und Gesundheitssportes einzuordnen, womit eine vollständige Ausbelastung auf Grund des gesundheitlichen Risikos oft nicht durchführbar ist. Über die KARVONEN-Formel gelangt man zur individuellen Trainingsherzfrequenz (Thf). Diese Formel ermöglicht durch Berücksichtigung der Ruheherzfrequenz und damit des Trainingszustandes, eine individuell abgestimmte Belastungsdosierung.

KARVONEN-Formel:

$Thf = (Hf_{max} - Hf_{Ruhe}) \times$ Intensität in % $+ Hf_{Ruhr}$

$Hf_{max} = 220 - 28 = 192$ S/min

$Hf_{Reserve} = 192 - 61 = 131$ S/min

Belastungsintensität $= 60\ \%\ Hf_{Reserve}$

$Thf = (192 - 61) \times 0,6 + 61 = 140$ S/min

1.3 Gesundheits- und Leistungsstatus der Person

Mit Hilfe der Diagnose und der Testergebnisse, kann nun auf die Belastbarkeit von Frau H. geschlossen werden.

Nach dem Trainingsprinzip der Altersgemäßheit, ist die Probandin mit 28 Jahren in einem noch gut trainierbarem Alter.

Die getestete Person befindet sich nach der Normtabelle für submaximale Radergometertests nach IPN in einem sehr guten Leistungszustand. Frau H. geht regelmäßig seit mehreren Jahren Laufen und misst seit einem Jahr Ihre Leistung. Der Ruhepuls sowie der Blutdruck von Frau H. liegt im guten Normbereich, weist aber noch Potenzial nach unten auf. Zur Ökonomisierung körperlichen Leistung könnte sie einen Puls zwischen 50 – 60 S/min erreichen, womit Ihr Herz-Kreislauf-System optimaler arbeiten würde.

Es liegen keine gesundheitlichen Auffälligkeiten vor, die zu Einschränkungen führen könnten. Auch eine Medikamenteneinnahme ist nicht vorhanden. Das Training ist gesundheitlich unbedenklich und die Klientin ist belastbar.

2 Zielsetzung/Prognose

Tabelle 3: Zielsetzung/Prognose

Ziel	Inhalt	Ausmaß	Zeit
Ruhepuls	Ruhepuls senken	- 2 Schläge/Minute	6 Monate
Blutdruck	Blutdruck senken	- 5 mmHg systolisch & diastolisch	6 Monate
Halbmarathon	Halbmarathon durchhalten/laufen – Ausdauer verbessern	21,0975 km	6 Monate

Frau H. möchte in 6 Monaten einen Halbmarathon laufen und diesen gesund überstehen. Noch ist sie die Strecke eines Halbmarathons nicht gelaufen und möchte jetzt darauf hintrainieren, sodass sie diese in 6 Monaten ohne Probleme laufen kann.

Weiterhin möchte die Probandin den Ruhepuls und den Blutdruck weiter senken/optimieren um ihre körperliche Leistung zu Ökonomisieren und eine gute Zeit zu erreichen.

3 Trainingsplanung Mesozyklus

3.1 Grobplanung Mesozyklus

Mesozyklus	
Dauer	6 Wochen
Trainingsziel	- Aufbau und Stabilisierung (GA1)
	- Entwicklung der Grundlagenausdauer (GA2)
	- Regeneration (REKOM)
Belastungsumfang/Woche	170-215 Minuten
Trainingsmethoden	- extensive Dauermethode (eDM)
	- variable Dauermethode (vDM)
	- intensive Dauermethode (iDM)
	- Regeneration (REKOM)
Trainingsintensität	- 50-60 % Hf_{max} (regenerativ)
	- 60-75 % Hf_{max} (extensiv)
	- 70-85 % Hf_{max} (variabel)
	- 80-85 % Hf_{max} (intensiv)
Trainingshäufigkeit/Woche	4-mal
Dauer pro Trainingseinheit	- 30 min (regenerativ)
	- 60-110 min (extensiv)
	- 60 min (variabel)
	- 20-50 min (intensiv)
Trainingsgeräte	Outdoor laufen gehen, bei Unwetter Laufband, Fahrrad

3.2 Detailplanung Mesozyklus

Anzahl der Trainingseinheiten: 4 Hf_{max} =192 S/min

Wöchentlicher Trainingsumfang: Woche 1: 170 min   Woche 2: 185 min

Woche 3: 200 min   Woche 4: 170 min   Woche 5: 200 min   Woche 6: 215

Tabelle 4: Detailplanung Mesozyklus

Woche 1	Dienstag	Mittwoch	Donnerstag	Sonntag
Trainingsziel	GA1	GA2	Regeneration	GA1
Methode	vDM	iDM	RECOM	eDM
Intensität Hf$_{max}$ in %	60-85, extensiv 60-75, intensiv 80-85	80-85	50-60	60-75
Thf in S/min	115-163, extensiv 115-144, intensiv 154-163	154-163	96-115	115-144
Dauer in Minuten	60	20	30	60
Belastungsdichte	variabel, keine Pausen	kontinuierlich, keine Pausen	kontinuierlich, keine Pausen	kontinuierlich, keine Pausen
Gerät	Laufen	Laufen	Fahrrad	Laufen
Woche 2	Dienstag	Mittwoch	Donnerstag	Sonntag
Trainingsziel	GA1	GA2	Regeneration	GA1
Methode	vDM	iDM	RECOM	eDM
Intensität Hf$_{max}$ in %	60-85, extensiv 60-75, intensiv 80-85	80-85	50-60	60-75
Thf in S/min	115-163, extensiv 115-144, intensiv 154-163	154-163	96-115	115-144
Dauer in Minuten	60	25	30	70
Belastungsdichte	variabel, keine Pausen	kontinuierlich, keine Pausen	kontinuierlich, keine Pausen	kontinuierlich, keine Pausen
Gerät	Laufen	Laufen	Fahrrad	Laufen
Woche 3	Dienstag	Mittwoch	Donnerstag	Sonntag
Trainingsziel	GA1	GA2	Regeneration	GA1
Methode	vDM	iDM	RECOM	eDM
Intensität Hf$_{max}$ in %	60-85, extensiv 60-75, intensiv 80-85	80-85	50-60	60-75
Thf in S/min	115-163, extensiv 115-144, intensiv 154-163	154-163	96-115	115-144
Dauer	60	30	30	80
Belastungsdichte	variabel, keine Pausen	kontinuierlich, keine Pausen	kontinuierlich, keine Pausen	kontinuierlich, keine Pausen
Gerät	Laufen	Laufen	Fahrrad	Laufen
Woche 4	Dienstag	Mittwoch	Donnerstag	Sonntag
Trainingsziel	GA1	GA2	Regeneration	GA1
Methode	vDM	iDM	RECOM	eDM
Intensität	60-85,	80-85	50-60	60-75

Hf$_{max}$ in %	extensiv 60-75, intensiv 80-85			
Thf in S/min	115-163, extensiv 115-144, intensiv 154-163	154-163	96-115	115-144
Dauer in Minuten	60	20	30	60
Belastungsdichte	variabel, keine Pausen	kontinuierlich, keine Pausen	kontinuierlich, keine Pausen	kontinuierlich, keine Pausen
Gerät	Laufen	Laufen	Fahrrad	Laufen
Woche 5	**Dienstag**	**Mittwoch**	**Donnerstag**	**Sonntag**
Trainingsziel	GA1	GA2	Regeneration	GA1
Methode	vDM	iDM	RECOM	eDM
Intensität Hf$_{max}$ in %	60-85, extensiv 60-75, intensiv 80-85	80-85	50-60	60-75
Thf in S/min	115-163, extensiv 115-144, intensiv 154-163	154-163	96-115	115-144
Dauer in Minuten	60	30	30	80
Belastungsdichte	variabel, keine Pausen	kontinuierlich, keine Pausen	kontinuierlich, keine Pausen	kontinuierlich, keine Pausen
Gerät	Laufen	Laufen	Fahrrad	Laufen
Woche 6	**Dienstag**	**Mittwoch**	**Donnerstag**	**Sonntag**
Trainingsziel	GA1	GA2	Regeneration	GA1
Methode	vDM	iDM	RECOM	eDM
Intensität Hf$_{max}$ in %	60-85, extensiv 60-75, intensiv 80-85	80-85	50-60	60-75
Thf in S/min	115-163, extensiv 115-144, intensiv 154-163	154-163	96-115	115-144
Dauer	60	35	30	90
Belastungsdichte	variabel, keine Pausen	kontinuierlich, keine Pausen	kontinuierlich, keine Pausen	kontinuierlich, keine Pausen
Gerät	Laufen	Laufen	Fahrrad	Laufen

Die Trainingsherzfrequenz (Thf in S/min) wird mithilfe der Formel der American College of Sports Medicine (ACSM) berechnet.

$$\text{Thf} = \text{Hf}_{max} \times \text{Intensität (\%)}$$

3.3 Begründung zum Mesozyklus

Frau H. besitzt laut Diagnose- und Testdaten einen guten bis sehr guten Leistungs- und Gesundheitszustand. Sie hat 3-4-mal pro Woche, jeweils 1-1,5 Stunden Zeit zu trainieren und möchte ihre Fitness verbessern und sich auf einen Halbmarathon vorbereiten. Dafür hat sie sich als Ziel gesetzt ihren Ruhepuls und ihren Blutdruck zu senken sowie die Halbmarathonstrecke ohne Probleme durchzulaufen.

Begründung zum wöchentlichen Belastungsumfang und der Belastungsprogression

Der Belastungsumfang und die Belastungsprogression zählen zu den grundlegenden Belastungsnormativen im sportlichen Trainingsprozess. Der Belastungsumfang charakterisiert die summierte Belastungseinwirkung über definierte Trainingszeiträume (Hottenrott & Neumann, 2016, S. 101-102).

Entsprechend des zeitlichen Verfügungsrahmens, des Gesundheits- und Leistungsstands sowie der Ziele der Probandin, wurde der angestrebte wöchentliche Belastungsumfang erstellt und die Belastungsprogression in das Training miteingeplant.

Hinsichtlich der Belastungsprogression wurde beachtet, dass die Wirkung wiederholter Ausdauereinheiten deutlich von den Trainingsstimuli abhängig ist (Borresen & Lambert, 2009). Längerfristige Über- und Unterbelastungen sollten dabei vermieden werden, da es sonst zu einer Stagnation oder negativen Entwicklung der Leistungsfähigkeit kommt (Lehmann, Foster & Keul, 1993). Aus diesem Grund ist auch der Belastungsumfang nicht an allen Trainingstagen der Selbe. In Abhängigkeit des Trainingszustands verändert sich auch die Schwelle, ab der ein Stimulus als trainingswirksam einzustufen ist (Bouchard & Rankinen, 2001). Nach dem Prinzip der progressiven Belastungssteigerung, werden die Belastungsvorgaben im Trainingsprozess immer wieder an das veränderte Ausdauerleistungsniveau angepasst (Eisenhut & Zintl, 2013, S.18-19). Der Mesozyklus hat ein Be-Entlastungsverhältnis von 3:1. Somit nimmt der Belastungsumfang von der ersten bis zur dritten Woche zunehmend und in der vierten Woche folgt eine Phase mit reduziertem Belastungsumfang (vgl. Abb. 1), damit die Grundlagenausdauer stabilisiert werden kann. In den anschließenden drei Wochen wird der Belastungsumfang wieder erhöht, um die Grundlagenausdauer weiter zu entwickeln, damit Frau H. ihr Ziel erreichen kann und denn Marathon problemlos durchlaufen kann. Gesundheitlich gibt es keine Einschränkungen.

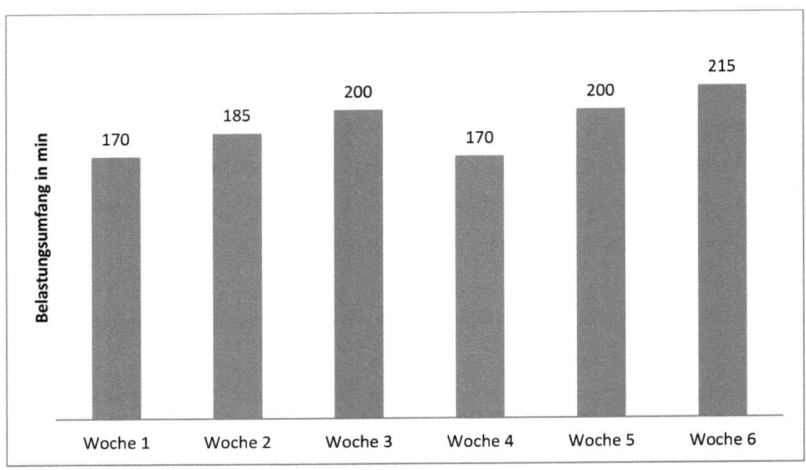

Abbildung 1: Belastungsprogression innerhalb des Mesozyklus über die Steigerung des wöchentlichen Belastungsumfanges

Begründung zu den ausgewählten Trainingsmethoden

Beim Ausdauertraining gibt es die Dauermethode, die Intervallmethode, die Wiederholungsmethode und die Wettkampfmethode.

Die Dauermethode stellt die Basismethode für das Ausdauertraining im Fitness- und Gesundheitssport dar und unterteilt sich nochmal in extensive, intensive und variable Dauermethode. Auch bei der Intervallmethode wird zwischen extensiv und intensiv unterschieden. Diese Trainingsmethoden sind nur mit Hilfe bestimmter Trainingsmittel wirksam (Hottenrott & Neumann, 2016, S. 104).

Frau H. wird in den ersten Mesozyklus nur mit der Dauermethode trainieren und im nächsten Mesozyklus auch mit der Intervallmethode, damit zuerst eine gute Basisausdauer aufgebaut und ihre gute-sehr gute Leistung erhalten und verbessert werden kann. Zu den Zielen von Frau H. gehört die Senkung von Ruhepuls und Blutdruck, daher wurde die extensive, die intensive, wie auch die variable Dauermethode ausgewählt, denn diese können zur Entwicklung und Ökonomisierung des Herz-Kreislaufsystems führen (Zintl & Eisenhut, 2001). Gesundheitliche Einschränkungen gibt es bei Frau H. bei der Trainingsmethodenauswahl nicht.

Begründung zu den angesteuerten Trainingsbereichen

In der Trainingsplanung von Frau H. gibt es drei Trainingsbereiche – das REKOM-Training, das Grundlagenausdauer1-Training sowie das Grundlagenausdauer2-Training. Mit dem REKOM-Training soll aktiv die Regeneration der Klientin unterstützt werden und die Belastbarkeit für nachfolgende, intensive Trainingseinheiten erhöht werden. Mit Hilfe des Grundlagenausdauer1-Trainings, soll ihre Grundlagenausdauer aufgebaut und stabilisiert werden. Zudem wird ihre aerobe Leistungsfähigkeit gesteigert werden. Das Grundlagenausdauer2-Training soll die Grundlagenausdauer von Frau H. weiterentwickeln und ihre aerobe-anaerobe Leistungsfähigkeit verbessern, damit sie ohne Probleme ihr Ziel erreicht und den Halbmarathon problemlos durchlaufen kann (Neumann, Pfützner & Berbalk, 2007, S. 141).

Die Trainingsproportionen der einzelnen Trainingsbereiche sind in Tabelle 5 dargestellt. Der Trainingsschwerpunkt in den ersten Wochen liegt vor allem auf der Entwicklung der Grundlagenausdauer (GA1), damit ein höheres Leistungsniveau erreicht werden kann. Der Anteil von der Grundlagenausdauer nimmt ab der 3. und 5. Woche wieder leicht zu, womit neue Trainingsreize gesetzt werden. Frau H. weist keine gesundheitlichen Einschränkungen bezüglich der angesteuerten Trainingsbereiche auf.

Tabelle 5: Prozentuale Verteilung der einzelnen Trainingsbereiche an der wöchentlichen Gesamtbelastung innerhalb eines Mesozyklus für Frau H.

	Wöchentlicher Gesamtumfang	GA1	GA2	REKOM
Woche 1	170 min	71% (120)	12 % (20)	18 % (30)
Woche 2	185 min	70% (130)	11 % (25)	16% (30)
Woche 3	200 min	70% (140)	15% (30)	15% (30)
Woche 4	170 min	71% (120)	12% (20)	18% (30)
Woche 5	200 min	70% (140)	15% (30)	15% (30)
Woche 6	215 min	70% (150)	16% (35)	14% (30)

Begründung der ausgewählten Ausdauergeräte bzw. Bewegungsformen

Die ausgewählten Ausdauertrainingsgeräte sind im Sinne der Trainingsmittelvielfalt - das Laufband, das Ergometerfahrrad und das Fahrrad von Frau H.. Aus der sportmotorischen Sichtweise ist die Inhaltliche Gestaltung von Trainingseinheiten bzw. Übungen beim Training mit allgemeinen, semispezifischen sowie spezifischen Trainingsmitteln für die Umsetzung der Trainingsziele von strategischer Bedeutung (Hottenrott & Neumann, 2016, S. 104). Daher wird die Klientin weiterhin möglichst draußen Laufen und Fahrradfahren, damit sie sich an die Wettkampfbedingungen (Wetter, verschiedene Steigung & Untergrund) des Halbmarathons gewönnen kann. Zudem ist sie bisher fast immer draußen gelaufen und gefahren und greift nur bei extrem schlechten Wetterbedingungen auf die Indoorgeräte zurück. Auf Grund der Erfahrungen und des guten- sehr guten Leistungsstandes, hat Frau H. eine gute Koordination und sollte keine Probleme mit den gewählten Ausdauergeräten bzw. Bewegungsformen haben. Gesundheitlich gibt es auch hier keine Einschränkungen.

4 Literaturrecherche

Literaturrecherche zum Thema:

Effekte des Ausdauertrainings bei Diabetes mellitus Typ-2

Tabelle 6: Studie 1 (Rezaei et al., 2017)

Title der Studie	Endurance exercise training decreased serum levels of surfactant protein D and improved aerobic fitness of obese women with type-2 diabetes.
Autoren der Studie	Rezaei S1, Shamsi MM1, Mahdavi M2, Jamali A3, Prestes J4, Tibana RA4, Navalta JW5, Voltarelli FA6.
Datum der Publikation	Veröffentlichung online am 25.09.2017
Informationen zu den Versuchs- personen	Zweiundzwanzig übergewichtige, prämenopausale Frauen die in Shiraz lebten mit Diabetes mellitus type 2 (T2DM), im Alter von 30-45 Jahren mit einem Body-Mass-Index von ≥ 30, mit guter Gesundheit, ohne neuere Erkrankungen und ohne kardiovaskuläre Erkrankungen. Frauen die kein Insulin verwendeten, Nichtraucherinnen waren, eine primäre Schulbildung oder höher Ausbildungen vorzuweisen hatten, keine Selbstmordhintergründe hatten sowie keine psychischen Störungen und keinen Drogenmissbrauch anga- ben. Die Frauen waren sesshaft. Sie absolvierten ≤ 1 Trainingseinheit pro Woche, zudem hatte keine eine Trainingsübung in den vorangegangenen 6 Monaten durchgeführt und auch kein Diät-Programm ange- wandt.
Versuchsaufbau	Zweiundzwanzig übergewichtige Frauen mit T2DM wurden randomisiert und entweder einer Trainings- gruppe (ET) oder einer Kontrollgruppe (C) zugewiesen. Eine Frau fiel aus persönlichen Gründen aus der ET-Gruppe und eine andere fiel aus der C-Gruppe raus, aufgrund der Verpflichtung zu Versuchsbedin- gungen. Insgesamt zwanzig übergewichtige Frauen mit T2DM wurden nach dem Zufallsprinzip in zwei Gruppen geteilt – in die Gruppe mit Ausdauertraining (ET = 10) und in eine Kontrollgruppe (C = 10). Die Ausdauertrainingsgruppe durchlief ein progressives Ausdauertrainingsprogramm in 10 Wochen (Laufen auf einem Laufband für 30-55 min / Tag bei 50-75% Herzfrequenzreserve) und die Kontrollgruppe nahm an keinem Trainingsprogramm teil. Venöse Blutproben wurden von beiden Gruppen vor und 72 h nach der letzten Trainingseinheit zur Analyse von Serum-SP-D, Leptin, Lipidprofil, Glukose und Insulin entnommen. Die Daten wurden 2-mal analysiert (Gruppe: Kontrolle, Ausdauertraining) × 2 (Zeit: vor, nach) ANOVA mit wiederholten Messungen des zweiten Faktors. Absolute Änderungen von den Ruhewerten (Δ Grundlinie) wurden gemäß der folgenden Formel berechnet: ((Messung-Grundlinie) · Grundlinie-1) · 100. Die prozen- tuale Veränderung zwischen den Gruppen wurde unter Verwendung unabhängiger t-Tests analysiert (p <0,05). Alle Analysen wurden mit dem Statistikprogramm, SPSS 19, durchgeführt.
Ergebnisse, Schluss- folgerungen	Ergebnisse: Die Serum-SP-D-Spiegel waren nach den Trainingsübungen in ET (Δ = - 78,78 ± 17,14%, p = 0,001) im Vergleich zu C (Δ = 9,41 ± 4,75%) verringert. Die adipösen Diabetikerinnen in der ET - Gruppe zeigten signifikant niedrigere Serumleptinspiegel (8053,27 ± 878,7 pg / ml, Δ = - 26,97 ± 16,41%) im Ver- gleich zu Frauen in der Kontrollgruppe (9885.5 ± 696 pg/ml, Δ = 7.02 ± 3.46%, p = 0.003). Die Nüchtern- glucose wurde durch den Eingriff günstig und signifikant beeinflusst (ET Δ = - 17.01 ± 12.74%, Kontrolle Δ = 15.47 ± 7.32%, p = 0.011). VO2max, als Index der aeroben Fitness, war nach 10 Wochen Ausdauertrai- ning signifikant erhöht (ET Δ = 19,29 ± 6,18%). Schlussfolgerung: Ausdauertraining mit Verbesserung der aeroben Fitness induziert eine signifikante Reduktion der Serum-SP-D-Spiegel bei übergewichtigen Frauen mit T2DM.

Tabelle 7: Studie 2 (Brinkmann et al., 2017)

Title der Studie	Influence of endurance training on skeletal muscle mitophagy regulatory proteins in type 2 diabetic men
Autoren der Studie	Christian Brinkmann, Axel Przyklenk, Alexander Metten, Thorsten Schiffer, Wilhelm Bloch, Klara Brixius & Sebastian Gehlert
Datum der Publikation	Veröffentlichung online am 24. May 2017
Informationen zu den Versuchspersonen	Acht übergewichtige / adipöse Männern mit Diabetes mellitus Typ-2 (T2DM) im Alter von 61 Jahren ± 10 Jahre.
Versuchsaufbau	Es wurden drei Muskelbiopsien durchgeführt bei acht übergewichtigen / adipösen T2DM-Männern (61 ± 10 Jahre). Die erste T1 wurde 6 Wochen vor dem Training durchgeführt, die zweite T2 wurde 1 Woche vor dem Training durchgeführt und die dritte Muskelbiopsie T3 wurde 3 bis 4 Tage nach dem Training durchgeführt. Die Proteingehalte wurden dann durch Western Blotting bestimmt.
Ergebnisse, Schlussfolgerungen	Ergebnisse: Das Training erhöhte den mitochondrialen Komplex II signifikant (T2-T3: + 29%, p = 0,037). Der Proteingehalt von mitophagyregulatorischen Proteinen (phosphorylierte Form der Forkhead-Box O3A (pFOXO3A), mitochondriale E3-Ubiquitin-Protein-Ligase-1 (MUL1), Bcl-2 / Adenovirus E1B 19-kD interagierendes Protein-3 (BNIP3), mikrotubuliassoziiertes Protein 1 leichte Kette-3B (das Verhältnis LC3B-II / LC3B-I wurde bestimmt)) unterschied sich nicht signifikant zwischen T1, T2 und T3. Schlussfolgerungen: Die Ergebnisse deuten darauf hin, dass trainingsinduzierte Veränderungen in OXPHOS-Untereinheiten (signifikanter Anstieg in Komplex II) nicht von Veränderungen der mitophagyregulatorischen Proteine bei T2DM-Männern begleitet werden. Zukünftige Studien sollten klären, ob akute körperliche Aktivität die mitophagischen Prozesse bei T2DM-Patienten beeinflussen kann (und ob eine vorübergehende Regulation von mitophagyregulierenden Proteinen offensichtlich ist), um die Rolle von körperlicher Aktivität und Mitophagie für die mitochondriale Gesundheit in dieser speziellen Patientengruppe zu klären.

5   Literaturverzeichnis

Borresen, J. & Lambert, M. I. (2009). The quantification of training load, the training response and the effect on performance. *Sports medicine (Auckland, N.Z.), 39* (9), 779–795. https://doi.org/10.2165/11317780-000000000-00000

Bouchard, C. & Rankinen, T. (2001). Individual differences in response to regular physical activity. *Medicine and science in sports and exercise, 33* (6 Suppl), S446-51; discussion S452-3.

Brinkmann, C., Przyklenk, A., Metten, A., Schiffer, T., Bloch, W., Brixius, K. et al. (2017). Influence of endurance training on skeletal muscle mitophagy regulatory proteins in type 2 diabetic men. *Endocrine research, 42* (4), 325–330. https://doi.org/10.1080/07435800.2017.1323914

Eisenhut, A. & Zintl, F. (2013). *Ausdauertraining. Grundlagen, Methoden, Trainingssteuerung* (Sportwissen, 8. Auflage (Neuausgabe)). München: blv.

Hottenrott, K. & Neumann, G. (2016). *Trainingswissenschaft. Ein Lehrbuch in 14 Lektionen* (Sportwissenschaft studieren, Band 7, 3., überarbeitete Auflage). Aachen: Meyer & Meyer Verlag.

Lehmann, M., Foster, C. & Keul, J. (1993). Overtraining in endurance athletes: a brief review. *Medicine and science in sports and exercise, 25* (7), 854–862.

Neumann, G., Pfützner, A. & Berbalk, A. (2007). *Optimiertes Ausdauertraining* (5., überarb. Aufl.). Aachen: Meyer & Meyer.

Rezaei, S., Shamsi, M. M., Mahdavi, M., Jamali, A., Prestes, J., Tibana, R. A. et al. (2017). Endurance exercise training decreased serum levels of surfactant protein D and improved aerobic fitness of obese women with type-2 diabetes. *Diabetology & metabolic syndrome, 9,* 74. https://doi.org/10.1186/s13098-017-0273-6

Zintl, F. & Eisenhut, A. (2001). *Ausdauertraining. Grundlagen, Methoden, Trainingssteuerung* (BLV-Sportwissen, 5., überarb. Aufl., (Neuausg.)). München: blv.

6 Abbildungs- und Tabellenverzeichnis

6.1 Abbildungsverzeichnis

6.2 Tabellenverzeichnis